Monika Römer Oliver Brachat

Kinder-Weihnachtsbäckerei

Hölker Verlag

Inhalt

Einführung

Ausstechen & Aufspritzen

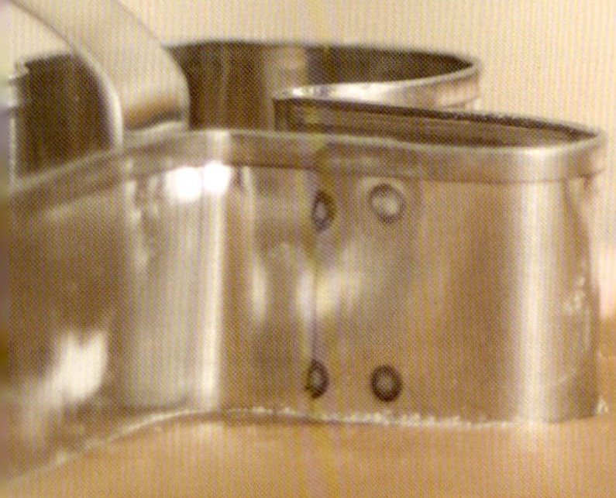

Formen & Bauen

Kuchen backen & Verzieren

Willkommen

in der Weihnachtsbackstube!

Weißt du, warum sich an den Winterabenden der Himmel oft so schön rot färbt? Es heißt, dass dann die Engel dort oben Plätzchen backen. Hast du Lust, es ihnen gleichzutun? Einige ihrer schönsten Rezepte haben wir in diesem Buch für dich gesammelt.

Sicherlich benötigst du hier und da die Hilfe eines Erwachsenen oder eines älteren Geschwisterkindes. Aber zusammen zu backen macht doch auch am meisten Spaß, oder? Größere Kinder können einige Rezepte aus diesem Buch schon fast ganz allein – oder zusammen mit gleichaltrigen Freunden – backen. Nur beim Hineinschieben der Backbleche in den Backofen und auch beim Herausholen braucht jedes Kind Hilfe von einem Erwachsenen.

* Am Anfang jedes Backrezepts findest du ein, zwei oder drei rot-weiße Sterne. Daran kannst du erkennen, welche Anregungen einfach *, welche etwas schwieriger ** und welche schon aufwendiger sind ***.

Wenn du gleich loslegst, kannst du deine Familie und deine Freunde zu Weihnachten mit himmlischen Plätzchen und Kuchen überraschen.

Viel Spaß, gutes Gelingen – und eine schöne Weihnachtszeit!

Was du wissen musst

1 Halte dich immer genau an die Mengenangaben im Rezept!

2 Wenn nicht anders angegeben, sollten alle Zutaten Zimmertemperatur haben.

3 Falls Backpulver zum Rezept gehört, vermische es mit dem Mehl, bevor du es mit den restlichen Zutaten zu einem Teig verarbeitest.

4 Wenn der Teig geknetet werden soll, kannst du das mit den Händen machen oder mit den Knethaken des Handmixers.

5 Fürs Ausrollen streust du etwas Mehl auf die Teigrolle und die Arbeitsfläche.

6 Damit sich die Plätzchen leicht vom Backblech lösen lassen, legst du das Blech am besten mit passend zurechtgeschnittenem Backpapier aus.

7 Wenn nicht anders angegeben, werden alle Plätzchen auf der mittleren Ofenschiene gebacken.

8 Die Temperaturangaben gelten für einen Backofen mit Ober- und Unterhitze, aber die Temperaturen für Umluft- und Gasherd sind auch mit angegeben.

9 Halte zwei Ofenhandschuhe fürs Herausnehmen der Plätzchen aus dem Ofen bereit.

10 Plätzchen und kleines Gebäck lässt du am besten komplett auskühlen und bewahrst sie bis zum Verputzen nach Sorten getrennt in Blechdosen auf.

11 Und natürlich spülst du nach dem Backen alle gebrauchten Küchengegenstände und räumst die Küche wieder auf – wie ein Bäcker in seiner Backstube!

Praktische Küchenhelfer

In der Weihnachtsbackstube gibt es viele praktische Küchenhelfer. Hier siehst du sie auf einen Blick. Aber keine Sorge: Du brauchst sie nicht alle auf einmal. Für manche Plätzchen in diesem Buch brauchst du sogar nur zwei Teelöffel oder ein paar Ausstechförmchen:

1. Handrührer
2. Rührschüssel
3. Backblech
4. Teigschaber
5. Ausstechförmchen
6. Litermaß
7. Fleischwolf
8. Teigrolle/Nudelholz
9. Kochlöffel
10. Kuchengitter
11. Papiermuffinförmchen
12. Kleines Sieb
13. Gebäckpresse
14. Zitruspresse
15. Backpapier
16. Aufsätze für Gebäckpresse

2
3
4
5
6
7
ALEXANDERWERK
8
9
10
11
12
13

Ausstechen & Aufspritzen

Zimtsterne*

Für 2 Bleche

5 Eiweiß, 450 g Puderzucker, 500 g gemahlene Mandeln, 2 TL Zimtpulver, Zucker für die Arbeitsfläche

1. Am Tag vor dem eigentlichen Backen schlägst du die Eiweiße mit den Quirlen des Handrührers zu steifem Schnee. Dann siebst du den Puderzucker darüber und hebst ihn vorsichtig unter. 1 Tasse der Eiweißmischung musst du für die Glasur aufheben.
2. Knete Mandeln, Zimt und 1 Esslöffel Wasser rasch unter die übrige Eiweißmischung in der großen Schüssel.
3. Rolle den Teig zur Kugel, wickle sie in Klarsichtfolie und lege sie für 1 Stunde in den Kühlschrank.
4. Lege ein Backblech mit passend zurechtgeschnittenem Backpapier aus.
5. Nun bestreust du eine Arbeitsfläche mit Zucker und rollst den Teig darauf ca. 1 Zentimeter dick aus.
6. Stich mit Ausstechförmchen Sterne oder Schneeflocken aus dem Teig aus, bestreiche sie mit der Eiweißmischung aus der Tasse und lege sie nebeneinander auf das Backblech mit dem Backpapier.
7. Danach musst du die Zimtsterne bei Zimmertemperatur über Nacht trocknen lassen.
8. Am nächsten Tag heizt du den Backofen auf 160 °C (Umluft 140 °C, Gas Stufe 2) vor. Dann schiebst du die Bleche mit den Zimtsternen nacheinander auf der mittleren Schiene hinein und backst sie 7–8 Minuten – danach sollten sie an der Oberfläche noch sehr hell und innen schön weich sein.

Vanilleplätzchen*

Für 2 Bleche

1 Gebäckpresse

280 g Mehl, je 50 g gemahlene Mandeln und Haselnusskerne, 70 g Zucker, 1 1/2 Päckchen Bourbon-Vanillezucker, 1 Prise Salz, 210 g kalte Butter

1. Gib Mehl, Mandeln, Nüsse, Zucker, Vanillezucker und Salz auf eine Arbeitsfläche. Schneide die Butter in kleine Stücke, verteile sie auf den anderen Zutaten, mische sie mit den Fingerspitzen und verknete alles zu einem glatten Teig.
2. Forme den Teig zu einer ca. 5 Zentimeter dicken Rolle, wickle sie in Klarsichtfolie und lege sie für 2 Stunden in den Kühlschrank.
3. Heize den Backofen auf 180 °C (Umluft 160 °C, Gas Stufe 3) vor. Lege zwei Backbleche mit passend zurechtgeschnittenem Backpapier aus. Wähle einen Aufsatz (z. B. eine Blume oder einen Stern) für die Gebäckpresse und setze ihn ein (deine Eltern helfen dir bestimmt dabei!). Gib den Teig portionsweise in die Presse und setze die Plätzchen direkt auf die Bleche mit dem Backpapier.
4. Schiebe die Bleche nacheinander auf der mittleren Schiene in den vorgeheizten Ofen und backe die Plätzchen in 8–10 Minuten schön hell.
5. Nimm die Bleche aus dem Ofen, lass die Plätzchen etwas abkühlen und lege sie dann nebeneinander zum Auskühlen auf ein Kuchengitter.

Schokostreifen*

Für 2 Bleche

Spritzbeutel mit Sterntülle oder Fleischwolf mit entsprechendem Aufsatz

100 g dunkle Kuvertüre bester Qualität, 200 g zimmerwarme Butter, 100 g Puderzucker, 1 Prise Salz, 2 Eigelb, 80 g gemahlene Haselnüsse, abgeriebene Schale von 2 unbehandelten Orangen, 300 g Dinkel- oder Weizenmehl, 150 g dunkle Kuchenglasur bester Qualität

1. Schneide die Kuvertüre in grobe Stücke und gib sie in eine Schale. Setze einen Topf mit warmem Wasser auf den Herd, stelle die Schale hinein und lass die Kuvertüre bei geringer Hitze langsam schmelzen. Vorsicht: Es darf kein Wasser in die Schale kommen.
2. Gib die Butter in eine Rührschüssel und rühre sie mit den Quirlen des Handrührers 5–10 Minuten schön schaumig. Gib dabei nach und nach Puderzucker, Salz, Eigelbe, Nüsse, geschmolzene Kuvertüre, Orangenschale und Mehl zu.
3. Heize den Backofen auf 180 °C (Umluft 160 °C, Gas Stufe 3) vor. Lege zwei Backbleche mit passend zurechtgeschnittenem Backpapier aus.
4. Fülle den Teig in einen Spritzbeutel mit Sterntülle oder in einen Fleischwolf mit entsprechendem Aufsatz und setze den Teig als ca. 10 Zentimeter lange Streifen auf die Backbleche mit Backpapier.
5. Schiebe die Bleche nacheinander auf der mittleren Schiene in den vorgeheizten Ofen und backe die Schokostreifen 8 – 10 Minuten.
6. Nimm die Bleche heraus, lass das Gebäck etwas abkühlen und hebe es dann mit einem Pfannenwender zum Auskühlen auf ein Kuchengitter.
7. Schmilz die Kuchenglasur nach der Anweisung auf der Verpackung und tauche die Streifen jeweils zur Hälfte hinein. Zum Schluss legst du sie nebeneinander zum Trocknen wieder auf das Kuchengitter.

Shortbread-Elche*

Für 1 Blech
1 Mini-Elch-Ausstechförmchen
300 g zimmerwarme gesalzene Butter, 200 g weißer Zucker, 500 g Dinkel- oder Weizenmehl und Mehl für die Arbeitsfläche, 140 g getrocknete Cranberrys, nicht zu fein gehackt

1. Heize den Backofen auf 180 °C (Umluft 160 °C, Gas Stufe 3) vor und lege ein Backblech mit passend zurechtgeschnittenem Backpapier aus.
2. Rühre in einer Schüssel die Butter mit den Quirlen des Handrührers 5–10 Minuten. Danach soll die Mischung schön schaumig sein.
3. Lass den Zucker esslöffelweise einrieseln und rühre mit dem Handrührer weiter, bis sich die Zuckerkristalle aufgelöst haben.
4. Dann gibst du das Mehl und die Cranberrys zu und verknetest alles mit den Händen zu einem geschmeidigen Teig.
5. Rolle den Teig auf einer mit Mehl bestreuten Fläche zu einer ca. 1 Zentimeter dicken Platte aus, stich Mini-Elche aus und lege sie auf das Backblech mit dem Backpapier.
6. Schiebe das Blech auf der mittleren Schiene in den vorgeheizten Ofen und backe die Elche in ca. 10 Minuten sehr hell.
7. Nimm das Blech aus dem Ofen, lass die Plätzchen etwas abkühlen und lege sie dann mit dem Pfannenwender nebeneinander zum Auskühlen auf ein Kuchengitter.

Shortbread ist ein typisches Gebäck aus England, das normalerweise rund, rechteckig oder dreieckig aussieht. Aber diese kleinen Elche sind doch viel hübscher, oder?

Friesenringe mit Hagelzucker*

Für 2 Bleche

1 Rosetten-Ausstechförmchen

150 g Butter, 100 g Zucker, 1 Msp. Salz, etwas abgeriebene unbehandelte Orangenschale, 1 Ei, 250 g Mehl und Mehl zum Bearbeiten, 50 g Hagelzucker

1. Verrühre in einer Rührschüssel Butter und Zucker mit Salz und Orangenschale. Schlage das Ei vorsichtig auf, lass das Eiweiß in eine Schale gleiten und gib das Eigelb zu den übrigen Zutaten. Siebe das Mehl darüber und verknete alle Zutaten zu einem glatten Teig.
2. Rolle den Teig zur Kugel, wickle sie in Klarsichtfolie und lege sie für 2 Stunden in den Kühlschrank.
3. Heize den Backofen auf 200 °C (Umluft 180 °C, Gas Stufe 4) vor. Lege zwei Backbleche mit passend zurechtgeschnittenem Backpapier aus.
4. Rolle den Teig auf einer mit Mehl bestreuten Fläche ca. 3 Millimeter dick aus und stich mit einem Rosettenausstecher Rosetten aus. Nimm einen kleinen runden Ausstecher und stich jeweils mittig ein Loch heraus.
5. Verquirle das Eiweiß in der Schale und bepinsle die Rosetten damit. Bestreue sie mit Hagelzucker und drücke die Zuckerkristalle leicht an.
6. Lege die Ringe nebeneinander auf die Backbleche mit dem Backpapier. Schiebe sie nacheinander auf der mittleren Schiene in den vorgeheizten Ofen und backe die Ringe in 12–15 Minuten hellbraun.
7. Nimm die Plätzchen heraus und lass sie 5 Minuten abkühlen. Hebe sie mit einem Pfannenwender vom Blech und lege sie zum Auskühlen auf ein Kuchengitter.

Butterplätzchen mit Botschaften**

Für 2 Bleche

Beliebige Ausstechförmchen (z. B. Schaukelpferd, Traktor, Lok oder Auto),
1 Buchstabenprägeset (Haushaltsfachhandel oder Internet)
150 g Butter, 50 g Puderzucker, 1 TL Vanillezucker, 1 Prise Salz, 50 g Sauerrahm,
275 g Mehl und Mehl zum Bearbeiten

1. Verrühre in einer Schüssel Butter, Puderzucker, Vanillezucker und Salz. Gib nach und nach Sauerrahm und Mehl zu und verknete alles zu einem glatten Teig.
2. Rolle den Teig zur Kugel, wickle sie in Klarsichtfolie und lege sie für 1 Stunde in den Kühlschrank.
3. Heize den Backofen auf 190 °C (Umluft 170 °C, Gas Stufe 3–4) vor und lege zwei Backbleche mit passend zurechtgeschnittenem Backpapier aus. Setze mit einem Buchstabenprägeset Namen oder Botschaften wie „Fröhliche Weihnachten“.
4. Rolle den Teig auf einer mit Mehl bestreuten Fläche 3 Millimeter dünn aus, stich mit Ausstechförmchen beliebige Formen aus und präge die vorbereiteten Wörter hinein.
5. Lege die Plätzchen auf die Bleche mit dem Backpapier, schiebe sie nacheinander auf der mittleren Schiene in den vorgeheizten Ofen und backe die Plätzchen in 8–10 Minuten sehr hell.
6. Nimm die Bleche aus dem Ofen, hebe die Plätzchen mit einem Pfannenwender auf ein Kuchengitter und lass sie auskühlen.

Bunte Spitzbuben**

Für 2 Bleche

Spitzbuben-Ausstechförmchen (ersatzweise Blumen- oder Stern-Ausstechförmchen)
380 g Mehl, 1 Prise Salz, 120 g Puderzucker, 250 g kalte Butter, 2 Eier, 250 g verschiedene rote und gelbe Konfitüren, jeweils 1 – 2 EL Wasser, Puderzucker zum Bestäuben

1. Mische auf einer Arbeitsfläche Mehl, Salz und Puderzucker. Schneide die Butter in kleine Stücke, verteile sie auf der Mehlmischung und zerreibe die Zutaten mit den Fingerspitzen zu Krümeln.
2. Schlage die Eier nacheinander vorsichtig auf und lass die Eiweiße in eine Schale gleiten. Gib die Eigelbe zu den übrigen Zutaten und verknete alles zu einem glatten Teig.
3. Rolle den Teig zur Kugel, wickle sie in Klarsichtfolie und lege sie für 30 Minuten in den Kühlschrank.
4. Heize den Backofen auf 180 °C (Umluft 160 °C, Gas Stufe 3) vor. Lege zwei Backbleche mit passend zurechtgeschnittenem Backpapier aus.
5. Rolle den Teig portionsweise ca. 3 Millimeter dick aus und stich eine gerade Anzahl von Plätzchen aus: die eine Hälfte davon mit Loch, die andere Hälfte ohne Loch. Lege sie nebeneinander auf die Bleche, schiebe sie nacheinander auf der mittleren Schiene in den vorgeheizten Ofen und backe die Plätzchen in 8 – 10 Minuten hellbraun.
6. Währenddessen erhitzt du die Konfitüre (nach Sorten getrennt) mit 1 – 2 Esslöffeln Wasser in einem kleinen Topf.
7. Nimm die Bleche nacheinander aus dem Ofen, löse die Plätzchen vorsichtig mit einem Pfannenwender noch heiß vom Backpapier und setze sie auf ein Kuchengitter. Auf die Plätzchen ohne Loch gibst du in der Mitte jeweils 1/4 Teelöffel Konfitüre und setzt passend ein Plätzchen mit Loch obenauf. Zum Schluss siebst du Puderzucker über die Spitzbuben und lässt die Konfitüre fest werden.

Spritzgebäck-kringel**

Für 2 Bleche
Spritzbeutel mit Sterntülle oder Fleischwolf mit entsprechendem Aufsatz
300 g Dinkel- oder Weizenmehl, 140 g Puderzucker, 1 Päckchen Bourbon-Vanillezucker, 1 Prise Salz, 100 g geschälte, gemahlene Mandeln, 240 g zimmerwarme Butter, 1 Eigelb

1. Siebe das Mehl auf eine Arbeitsfläche, verteile Puderzucker, Vanillezucker, Salz, Mandeln, Butter in kleinen Stückchen und Eigelb darauf und verknete alles zu einem geschmeidigen Teig.
2. Rolle den Teig zur Kugel, wickle sie in Klarsichtfolie und lege sie für mindestens 1 Stunde in den Kühlschrank.
3. Heize den Backofen auf 180 °C (Umluft 160 °C, Gas Stufe 3) vor. Lege zwei Backbleche mit passend zurechtgeschnittenem Backpapier aus.
4. Fülle den Teig in einen Spritzbeutel mit Sterntülle oder in einen Fleischwolf mit entsprechendem Aufsatz und setze Teigkringel von 7–9 Zentimetern Durchmesser auf die Backbleche mit dem Backpapier. Drücke die Enden zusammen oder lege sie kreuzweise übereinander.
5. Schiebe die Bleche nacheinander auf der mittleren Schiene in den vorgeheizten Ofen und backe die Kringel in etwa 10 Minuten schön hell.
6. Nimm die Bleche aus dem Ofen, lass die Kringel etwas abkühlen und lege sie nebeneinander zum Auskühlen auf ein Kuchengitter.

Kindernussecken**

Für 1 kleines Blech

250 g weiche Butter, 100 g Rübenkraut, 100 g Rohrohrzucker, 1 Päckchen Bourbon-Vanillezucker, 2 Eier, 200 g Rosinen, 400 g kernige Haferflocken, 3 TL Backpulver, 100 g gemahlene Haselnusskerne, 100 g gehackte Haselnusskerne, 250 g dunkle Kuchenglasur bester Qualität

1. Heize den Backofen auf 180 °C (Umluft 160 °C, Gas Stufe 3) vor und lege ein Backblech mit passend zurechtgeschnittenem Backpapier aus.
2. Fülle die Butter in eine Rührschüssel und rühre sie mit den Quirlen des Handrührers in 5–10 Minuten schön schaumig. Gib Rübenkraut, Zucker und Vanillezucker zu und rühre so lange weiter, bis sich die Zuckerkristalle aufgelöst haben.
3. Gib Eier und Rosinen dazu. Vermenge Haferflocken und Backpulver und hebe die Mischung esslöffelweise unter. Menge zum Schluss die gemahlenen und gehackten Haselnüsse unter.
4. Streiche die Nussmischung gleichmäßig ca. 1 Zentimeter dick auf das Blech. Schiebe das Blech auf der mittleren Schiene in den vorgeheizten Ofen und backe die Nusseckenplatte in ca. 30 Minuten schön goldbraun.
5. Nimm das Blech vorsichtig aus dem Ofen und lass die Nusseckenplatte vollständig auskühlen.
6. Schmilz die Kuchenglasur nach der Anweisung auf der Verpackung.
7. Schneide die Platte in beliebige handliche Formen, tauche sie jeweils mit zwei Enden in die Kuchenglasur und lege sie nebeneinander zum Trocknen auf Backpapier oder ein Kuchengitter.

Formen & Bauen

Adventswaffeln*

250 g Butter, 200 g Zucker, 1/2 Päckchen Bourbon-Vanillezucker, 1 Prise Salz, 300 g Mehl, 1 TL Backpulver, 1 TL Zimtpulver, 6 Eier, Puderzucker zum Bestäuben

1. Schlage in einer Rührschüssel mit den Quirlen des Handrührers Butter, Zucker, Vanillezucker und Salz cremig. Mische in einer zweiten Schüssel Mehl, Backpulver und Zimt. Gib immer abwechselnd ca. 3 Esslöffel Mehlmischung und 1 Ei zu und verrühre alles zu einem glatten Teig.
2. Heize das Waffeleisen auf. Gibt jeweils eine kleine Suppenkelle Teig hinein und backe ihn zu einer goldbraunen Waffel.
3. Nimm die Waffel mit einer Gabel aus dem Waffeleisen und lege sie auf einen Teller. So machst du weiter, bis der ganze Teig aufgebraucht ist.
4. Am besten bestäubst du die Waffeln mit Puderzucker und servierst sie möglichst bald. Denn frisch schmecken sie am besten.

♥ Zu den Adventswaffeln schmecken heiße, mit etwas Speisestärke angedickte Kirschen und Schlagsahne wunderbar!

Müslikekse*

Für 2 Bleche

100 g Butter, 50 g brauner Zucker, 50 g weißer Zucker, 1/2 Päckchen Bourbon-Vanillezucker, 100 g Weizenvollkornmehl, 1 TL Backpulver, 1 Msp. Salz, 1 Ei, 1 EL Milch, 80 g Haferflocken, 50 g grob gehackte Haselnusskerne, 100–150 g gemischtes, klein gehacktes Trockenobst

1. Rühre in einer Schüssel Butter, die beiden Zuckersorten und den Vanillezucker schaumig.
2. Mische in einer zweiten Schüssel Mehl mit Backpulver und Salz und mische es zusammen mit dem Ei und der Milch unter die Butter-Zucker-Mischung. Knete Haferflocken, Nüsse und Trockenobst unter. Decke den Teig mit einem Tuch ab und stelle die Schüssel für 1 Stunde in den Kühlschrank.
3. Heize den Backofen auf 180 °C (Umluft 160 °C, Gas Stufe 3) vor. Lege zwei Backbleche mit passend zurechtgeschnittenem Backpapier aus.
4. Setze jeweils 1 gehäuften Teelöffel Teig als Häufchen auf die Bleche mit dem Backpapier. Lass dabei genügend Abstand, denn der Teig zerläuft beim Backen etwas.
5. Schiebe die Bleche nacheinander auf der mittleren Schiene in den vorgeheizten Ofen und backe die Kekse in 12–15 Minuten goldbraun.
6. Nimm die Bleche heraus, lass die Kekse kurz abkühlen und setze sie dann zum Auskühlen auf ein Kuchengitter. In einer Blechdose bleiben sie schön kernig.

Schokocrossies*

200 g dunkle Kuvertüre bester Qualität, 80 Vollkorn-Cornflakes

1. Lege ein Backblech mit passend zurechtgeschnittenem Backpapier aus. Schneide die Hälfte der Kuvertüre in grobe Stücke und gib sie in eine Schale.
2. Dann setzt du einen Topf mit warmem Wasser auf den Herd, stellst die Schale hinein und lässt die Kuvertüre bei geringer Hitze langsam schmelzen. Vorsicht: Es darf kein Wasser in die Schüssel kommen.
3. Inzwischen hackst du die zweite Hälfte der Kuvertüre mit einem Messer fein. Rühre sie unter die warme Kuvertüre, sobald die geschmolzen ist. Dadurch entsteht eine dickflüssige Schokosauce.
4. Du rührst die Vollkorn-Cornflakes unter die Schokosauce und setzt mit zwei Teelöffeln Schokocrossi-Häufchen auf das Blech. Lass etwas Abstand dazwischen.
5. Zum Schluss lässt du die Schokocrossies fest werden und füllst sie in eine Blechdose.

♥ Wenn du viele Familienmitglieder und Freunde mit Schokocrossies beschenken willst, kannst du gleich die doppelte Menge machen. Es bleibt bestimmt kein einziges Stück übrig!

Kokoskonfekt*

250 g weiße Kuvertüre, 1/8 l Sahne, 60 g Kokosfett, 200 g Kokosflocken zum Wenden, ca. 30 Papierpralinenförmchen

1. Hacke die Kuvertüre mit einem Messer fein. Gib Sahne und Kokosfett in einen Topf, bringe sie zum Kochen und ziehe sie dann vom Herd.
2. Gib die gehackte Kuvertüre zu und rühre so lange, bis sie geschmolzen ist. Lass sie leicht abkühlen. Dann kannst du sie in den Kühlschrank stellen und dort vollständig auskühlen lassen. Das dauert ca. 1 Stunde.
3. Lege ein kleines Backblech mit passend zurechtgeschnittenem Backpapier aus. Fülle die Schokomasse in einen Spritzbeutel mit Lochtülle und setze mit Abstand kleine Schokotupfen auf das Blech. Die musst du dann wieder 1 Stunde kalt stellen.
4. Fülle die Kokosflocken auf einen flachen Teller. Nimm die Schokotupfen aus dem Kühlschrank und rolle sie mit kühlen Händen zu Kugeln. Zum Schluss wälzt du sie in den Kokosflocken und setzt sie in die Papierförmchen.

Einfache Trüffel mit Schokostreuseln*

450 g dunkle Kuvertüre bester Qualität, 300 ml Sahne, Schokostreusel zum Wälzen, ca. 30 bunte Metallpralinenförmchen

1. Hacke die Kuvertüre mit einem Messer in grobe Stücke.
2. Bringe die Sahne in einem Topf bei mittlerer Hitze zum Kochen. Gib die Kuvertüre dazu und lass sie darin schmelzen.
3. Nimm den Topf vom Herd und lass die Schokomischung abkühlen. Stelle sie dann zugedeckt in den Kühlschrank und lass sie fest werden. Das dauert etwa 1 Stunde.
4. Lege ein Backblech mit passend zurechtgeschnittenem Backpapier aus. Fülle die Schokocreme in einen Spritzbeutel mit Lochtülle und setze mit Abstand Schokotupfen auf das Blech.
5. Fülle die Schokostreusel in eine flache Backform oder einen tiefen Teller.
6. Rolle aus den Schokotupfen Kugeln, wälze sie in den Schokostreuseln und setze sie in die Pralinenförmchen. So sind sie ein besonders hübsches Geschenk.

Schwarz-Weiß-Schnecken**

Für 2 Bleche

380 g Mehl und etwas Mehl zum Bearbeiten, 120 g Puderzucker, 1 Prise Salz, 250 g kalte Butter, 2 Eier, 1 gehäufter EL Kakaopulver

1 Mische auf einer Arbeitsfläche Mehl, Puderzucker und Salz. Setze die Butter in kleinen Stücken darauf und vermenge sie mit der Mehlmischung zu einem krümeligen Teig.

2 Schlage die Eier nacheinander vorsichtig auf und lass die Eiweiße in eine Schale gleiten (du kannst sie für etwas anderes verwenden). Gib die Eigelbe zu den übrigen Zutaten und verknete alles rasch zu einem glatten Teig.

3 Teile den Teig in zwei gleich große Hälften und verknete eine Hälfte mit dem Kakao.

4 Forme den dunklen und den hellen Teig jeweils zu einer Kugel, wickle sie in Klarsichtfolie und lege sie für 2 Stunden in den Kühlschrank.

5 Heize den Backofen auf 180 °C (Umluft 160 °C, Gas Stufe 3) vor. Lege zwei Backbleche mit passend zurechtgeschnittenem Backpapier aus.

6 Forme aus dem hellen und dem dunklen Teig jeweils eine walnussgroße Kugel und rolle sie zu 15–20 Zentimeter langen und gleich dicken Schlangen. Drücke die helle und die dunkle Teigschlange leicht aneinander und rolle sie wie eine liegende Schnecke auf. Lege die Schnecke auf ein Blech und mache so weiter, bis der ganze Teig aufgebraucht ist.

7 Schiebe die Bleche nacheinander auf der mittleren Schiene in den vorgeheizten Ofen und backe die Schnecken in ca. 12 Minuten hell.

8 Nimm die Bleche vorsichtig aus dem Ofen und lass die Schnecken leicht abkühlen. Lege sie dann nebeneinander auf ein Kuchengitter und lass sie auskühlen.

Weckmänner und -frauen**

Für 1 Blech

150 g in einem Küchentuch gut ausgepresster Magerquark, 6 EL Milch, 6 EL neutrales Speiseöl, 75 g Zucker, 1 Päckchen Vanillezucker, 1 Prise Salz, 300 g Mehl, 1 Päckchen Backpulver, Rosinen zum Verzieren, Eigelb zum Bepinseln

1 Verrühre in einer Schüssel Quark, Milch, Öl, Zucker, Vanillezucker und Salz. Siebe das Mehl in eine zweite Schüssel und vermische es mit dem Backpulver. Gib die Hälfte der Mehlmischung esslöffelweise zur Quarkmischung und rühre sie unter. Knete dann mit den Händen die restliche Mehlmischung unter.

2 Heize den Backofen auf 180 °C (Umluft 160 °C, Gas Stufe 3) vor. Lege ein Backblech mit passend zurechtgeschnittenem Backpapier aus.

3 Forme wie aus Knete eine Kugel für die Köpfe und Würste für Arme, Körper, Beine und Kleidungsstücke der Weckmänner und -frauen. Sie sollen ca. 20 Zentimeter groß werden. Verziere sie mit Augen und Mund aus Rosinen. Und pinsle sie mit verquirltem Eigelb ein.

4 Lege die Figuren mit Abstand auf das Blech, schiebe es auf der mittleren Schiene in den vorgeheizten Ofen und backe die Weckmänner und -frauen in ca. 30 Minuten goldbraun.

5 Nimm das Blech vorsichtig aus dem Ofen und lass das Gebäck leicht abkühlen. Lege die Figuren dann nebeneinander auf ein Kuchengitter und lass sie vollständig auskühlen. Frisch gebacken schmecken sie am besten.

Lebkuchenfiguren**

Für 2 Bleche

Ausstechförmchen für Lebkuchenmänner und -frauen (Fachhandel oder Internet)

Für den Teig: 100 g Butter, 250 g Honig, 125 g Zucker, 1/2 Päckchen Lebkuchengewürz, 1 EL Kakaopulver, 600 g Mehl und etwas Mehl für die Arbeitsfläche, 1/2 Päckchen Backpulver, 1 Prise Salz, 1 Ei

Für die Verzierung: 2 Eiweiße, 375 g Puderzucker, bunte Mini-Zuckerperlen

1. Der Lebkuchenteig muss vor dem Backen eine Nacht ruhen. Gib am ersten Tag Butter mit Honig, Zucker, Lebkuchengewürz und Kakao in einen Topf und erwärme die Zutaten bei geringer Hitze, bis sich der Zucker vollständig aufgelöst hat – dabei musst du die ganze Zeit rühren. Nimm den Topf vom Herd und lass die Honigmasse abkühlen.
2. Siebe Mehl und Backpulver in eine Schüssel, gib Honigmasse, Salz und Ei dazu und verknete alles zu einem glatten Teig. Forme den Teig zu einer Kugel, wickle sie in Alufolie, lege sie unter eine umgedrehte Rührschüssel und lass den Teig über Nacht bei Zimmertemperatur ruhen.
3. Heize am nächsten Tag den Backofen auf 200 °C (Umluft 180 °C, Gas Stufe 4) vor. Lege zwei Backbleche mit passend zurechtgeschnittenem Backpapier aus.
4. Rolle den Teig auf einer mit Mehl bestreuten Fläche ca. 1/2 Zentimeter dick aus und stich Lebkuchenmänner und -frauen aus. Lege sie auf die Backbleche mit dem Backpapier, schiebe sie nacheinander auf der mittleren Schiene in den vorgeheizten Ofen und backe sie 12–15 Minuten.
5. Nimm die Bleche heraus, hebe die Lebkuchen sofort mit einem Pfannenwender vom Blech und setze sie zum Auskühlen auf ein Kuchengitter.
6. Schlage die Eiweiße für die Verzierung mit den Quirlen des Handrührers steif und gib dabei so viel gesiebten Puderzucker zu, dass eine recht feste Masse entsteht. Drehe aus einem halben Bogen Butterbrotpapier eine Spitztüte, fülle den Zuckerguss hinein und schneide ein kleines Loch in die Tütenspitze. Verziere die Lebkuchenfiguren nach Wunsch mit Zuckerguss und bunten Zuckerperlen (siehe Foto).

Mini-Knusper-häuschen***

12 rechteckige Butterkekse (ca. 6 x 5 cm, Fertigprodukt)
Für die Verzierung: 4 Eiweiß, 1 Msp. Salz, 125 g Zucker, 100 g Puderzucker, 15 g Speisestärke, 300 g Marshmallows, einige Mini-Marshmallows, rechteckige Mini-Schokokekse, bunte Mini-Zuckerperlen, bunte Fruchtgummistangen etc.

1. Die Knusperhäuschen brauchen eine Nacht zum Trocknen. Schlage am ersten Tag für die Schneeverzierung in einer Schüssel mit den Quirlen des Handrührers Eiweiße und Salz schaumig, lass dabei den Zucker nach und nach einrieseln und rühre weiter, bis sich die Kristalle aufgelöst haben. Mische in einer zweiten Schüssel Puderzucker und Stärke, siebe sie über die Eiweißmischung und hebe sie vorsichtig unter.
2. Drehe aus einem halben Bogen Butterbrotpapier eine Spitztüte, fülle sie mit etwas Eiweißmasse und schneide ein kleines Loch in die Tütenspitze. Klebe mit der Masse mittig auf vier Keksen zwei Marshmallows übereinander und bedecke den oberen mit Eiweißmasse.
3. Setze zwei Kekse an der Längsseite mit Eiweißmasse zu einem spitzen Dach zusammen und klebe es auf den oberen Marshmallow. So lange festhalten, bis das Haus zusammenhält. Mit den übrigen Zutaten machst du dasselbe, bis die Kekse aufgebraucht sind.
4. Lege ein Backblech mit passend zurechtgeschnittenem Backpapier aus, setze die Knusperhäuschen darauf und lass sie über Nacht bei Zimmertemperatur trocknen. Die restliche Eiweißmasse deckst du ab und stellst sie in den Kühlschrank.
5. Am nächsten Tag drehst du aus einem halben Bogen Butterbrotpapier eine zweite Spitztüte, füllst sie mit der Eiweißmasse und schneidest ein kleines Loch in die Tütenspitze.
6. Verziere die Hausdächer mit Schnee aus Eiweißmasse, Mini-Schokokeksen, Zuckerperlen etc. (siehe Foto) und baue Zäune aus Mini-Marshmallows oder Fruchtgummis. Zum Schluss klebst du mit Eiweißmasse kleine Keksrechtecke als Schornsteine auf die Giebel.

Hexenhaus***

Für 2 Bleche
Lebkuchenhaus-Ausstechförmchen (Fachhandel oder Internet)
2 Rezepte Lebkuchenteig (Rezept S. 44), 4 Eiweiß, 1 Msp. Salz, 125 g Zucker, 100 g Puderzucker, 15 g Speisestärke, bunte Schokoplätzchen, Mini-Schokokekse, Smarties, Mini-Smarties, rot-weiße Minzbonbons, Mini-Marshmallows etc.

1. Der Lebkuchenteig muss vor dem Backen eine Nacht ruhen. Bereite am Vortag den Teig vor und lass ihn über Nacht bei Zimmertemperatur unter einer Schüssel ruhen.
2. Heize am nächsten Tag den Backofen auf 200 °C (Umluft 180 °C, Gas Stufe 4) vor. Lege zwei Backbleche mit passend zurechtgeschnittenem Backpapier aus.
3. Rolle den Teig auf einer bemehlten Fläche ca. 4 Millimeter dick aus. Stich mit den Lebkuchenhaus-Ausstechern zwei Giebelseiten und zwei rechteckige Hauswände aus. Radle mit einem Teigrädchen Fenster und Tür aus. Für das Dach rollst du den Teig etwas dünner aus und stichst mit dem rechteckigen Lebkuchenhaus-Ausstecher vier Platten aus. Aus den Teigresten rollst du eine Platte von ca. 20 x 30 Zentimetern als Fundament aus.
4. Lege alle Teile nebeneinander auf die Backbleche und backe die Lebkuchen 12–15 Minuten im Ofen. Nimm sie heraus, löse sie mit einem Pfannenwender ganz vorsichtig noch heiß vom Backpapier und lass sie auf einem Kuchengitter auskühlen.
5. Für die Verzierung schlägst du mit den Quirlen des Handrührers die Eiweiße mit dem Salz schaumig, lässt den Zucker langsam einrieseln und schlägst weiter, bis er sich aufgelöst hat. Mische in einer zweiten Schüssel Puderzucker und Stärke, siebe sie zum Eischnee und hebe sie vorsichtig unter.
6. Fülle die Eiweißmasse in einen Spritzbeutel mit Lochtülle. Klebe mit der Masse jeweils zwei Dachplatten an der langen Seite aneinander und lass sie ca. 1 Stunde antrocknen. Setze zwei Giebelseiten und zwei Hauswände mit der Eiweißmasse rechtwinklig auf der Fundamentplatte aneinander. Stütze sie mit Gläsern ab und lass sie ca. 1–2 Stunden antrocknen. Klebe die beiden Dachseiten mit Eiweißmasse auf den Giebel. Verziere das Hexenhaus nach Belieben mit Eiweißmasse und bunten Süßigkeiten (siehe Foto).

♥ Du kannst dir die Schablonen für das Hexenhaus auch aus Pappe zurechtschneiden. Die Rechtecke für die Hausseiten und das Dach sollten ca. 14 x 10 Zentimeter groß und der Dachgiebel ca. 10 Zentimeter breit und 18 Zentimeter hoch sein.

Kuchen backen & Verzieren

Mini-Weihnachts-gugelhupfe*

1 Minigugelhupf-Blech
70 ml lauwarme Milch, 20 g Hefe, 200 g Mehl, 2 Eier, 100 g Butter und etwas weiche Butter für die Form, 60 g Zucker, 1 Prise Salz, abgeriebene Schale von 1/2 unbehandelten Zitrone, 75 g Schokotropfen oder Rosinen, Semmelbrösel für das Blech, Puderzucker zum Bestäuben

1. Fülle die Milch in eine Schale, bröckle die Hefe hinein und löse sie darin auf. Rühre 1 Esslöffel Mehl unter. Diese Mischung nennt man Vorteig. Decke diesen Vorteig mit einem kleinen Tuch ab und lass ihn gehen, bis sich seine Größe verdoppelt hat.

2. Das restliche Mehl gibst du in eine Rührschüssel und drückst eine tiefe Mulde hinein. Schlage 1 Ei vorsichtig auf und lass das Eiweiß in eine Schale gleiten. Gib Eigelb, das zweite aufgeschlagene Ei, den Vorteig, Butter, Zucker, Salz und Zitronenschale in die Mehlmulde und verrühre alles zu einem klebrigen Teig. Decke die Schüssel mit einem Küchentuch ab und lass den Teig an einem warmen, zugfreien Ort auf die doppelte Größe aufgehen. Zum Schluss rührst du die Schokotropfen oder Rosinen unter.

3. Heize den Backofen auf 180 °C (Umluft 160 °C, Gas Stufe 3) vor. Fette die Mulden des Gugelhupfblechs mit weicher Butter ein, streue sie mit Bröseln aus und schüttle die lockeren Brösel wieder vorsichtig heraus. Verteile den Teig gleichmäßig in die Mulden.

4. Schiebe das Blech auf der mittleren Schiene in den vorgeheizten Ofen und backe die Gugelhupfe 35–40 Minuten. Stich mit einem Schaschlikspieß in die Mitte eines Küchleins. Wenn kein Teig daran kleben bleibt, das Blech vorsichtig aus dem Ofen nehmen, sonst die Küchlein noch weitere 5 Minuten backen. Lass die Gugelhupfe nach dem Herausnehmen 5 Minuten in der Form ruhen, stürze sie dann vorsichtig auf ein Kuchengitter und lass sie vollständig auskühlen. Bestäube sie zum Schluss mit Puderzucker.

Weihnachtsküchlein aus dem Glas**

ca. 7 Weckgläser von 200 ml Inhalt
150 g dunkle Kuvertüre, 125 g Butter und weiche Butter für die Form, 180 g Mehl und Mehl für die Gläser, 1 große Dose Birnen, 130 g Zucker, 1 Päckchen Vanillezucker, 1 Prise Salz, 4 Eier, 1 EL Kakaopulver, 50 g gemahlene Mandeln, 2 EL Puderzucker, weihnachtliches Geschenkpapier, 7 Holz-Cocktailspieße, 7 Mini-Marshmallows, Puderzucker zum Bestäuben

1. Schneide die Kuvertüre in kleine Stücke und gib sie in eine Schale. Stelle einen Topf mit warmem Wasser bei geringer Hitze auf den Herd, stelle die Schale hinein und lass die Schokolade schmelzen. Vorsicht: Es darf kein Wasser in die Schale kommen. Nimm die Schale mit Topflappen heraus und lass die Kuvertüre abkühlen.
2. Heize den Backofen auf 180 °C (Umluft 160 °C, Gas Stufe 3) vor. Fette die Weckgläser sorgfältig mit weicher Butter ein. Streue sie mit Mehl aus und schüttle das überschüssige Mehl wieder heraus. Lege die Birnen (deine Eltern helfen dir bestimmt beim Öffnen der Dose) zum Abtropfen in ein Sieb mit passender Schüssel darunter. Schneide die Früchte dann in grobe Stücke. – Den Saft kannst du für etwas anderes verwenden.
3. Schlage in einer Schüssel mit den Quirlen des Handrührers Butter, Zucker, Vanillezucker und Salz cremig, gib die abgekühlte Kuvertüre zu und rühre einige Minuten weiter.
4. Schlage die Eier nacheinander vorsichtig auf, lass die Eiweiße in eine Schale gleiten (und stelle sie beiseite) und rühre die Eigelbe unter die Zutaten in der Schüssel.
5. Mische in einer zweiten Schüssel Mehl, Kakao und Mandeln und rühre sie ebenfalls unter. Schlage die beiseitegestellten Eiweiße mit dem Puderzucker zu steifem Schnee und hebe sie vorsichtig unter. Verteile den Teig auf die Weckgläser. Stelle sie auf der mittleren Schiene in den vorgeheizten Ofen und backe sie 35–40 Minuten. Nimm sie heraus und lass sie auf einem Kuchengitter lauwarm abkühlen.

♥ Zeichne auf einem Stück Geschenkpapier mit einem Ausstechförmchen 14 Tannenbäumchen an und schneide sie aus. Klebe jeweils zwei mit einem Cocktailspieß dazwischen zusammen, beschrifte sie mit den Namen deiner Gäste und spieße obenauf jeweils einen Mini-Marshmallow. Stelle die Weckgläser in Papiermuffinförmchen, bestäube die Küchlein mit Puderzucker und stecke oben die Tannenbäume hinein. Fertig ist die Deko.

Mini-Muffins-Adventskalender**

Für 1 Mini-Muffinblech mit 24 Mulden
3 Eier, 125 g Butter, 125 g Zucker, 1/2 Päckchen Vanillezucker, 1 Prise Salz, 150 g Mehl, 1/2 Päckchen Backpulver, 2–3 EL Milch, 30 g gemahlene Mandeln, 120 g Puderzucker, bunte Zuckerschrift, bunte Mini-Zuckerperlen, 24 Mini-Muffinpapierförmchen

1. Heize den Backofen auf 180 °C (Umluft 160 °C, Gas Stufe 2) vor. Setze die Papierförmchen in die Mulden des Muffinblechs.
2. Schlage zwei Eier nacheinander vorsichtig auf und lass Eiweiße und Eigelbe in getrennte Schalen gleiten. Schlage in einer Rührschüssel Butter, die Hälfte des Zuckers, Vanillezucker und Salz zu einer luftigen Creme auf. Rühre dabei nach und nach die Eigelbe unter.
3. Mische in einer zweiten Schüssel Mehl mit Backpulver, rühre es portionsweise abwechselnd mit der Milch unter. Schlage Eiweiße und restlichen Zucker mit den Quirlen des Handrührers zu steifem Schnee und hebe ihn mit den Mandeln vorsichtig unter.
4. Verteile den Teig mit einem Löffel in die Papierförmchen. Schiebe das Muffinblech auf der mittleren Schiene in den vorgeheizten Ofen und backe die Muffins 20–25 Minuten.
5. Nimm das Blech aus dem Ofen und lass es einige Minuten abkühlen. Hebe dann die Muffins samt den Papierförmchen aus den Mulden und lass sie auf einem Kuchengitter abkühlen.
6. Trenne das dritte Ei, schlage in einer Schale das Eiweiß mit einem Kochlöffel leicht auf (das Eigelb kannst du anderweitig verwenden). Siebe den Puderzucker dazu und rühre ihn unter. Gib langsam 2 Esslöffel Wasser dazu, damit ein streichfähiger Guss entsteht.
7. Bestreiche die Mini-Muffins mit dem Zuckerguss und beschrifte sie mit bunter Zuckerschrift als essbaren Adventskalender von 1 bis 24. Verziere die Ränder jeweils mit bunten Zuckerperlchen.

♥ Wenn du gerade ein wenig geschmolzene Schokoglasur übrig hast, kannst du den Muffin mit der Ziffer 24 damit bestreichen, um ihn besonders hervorzuheben.

Weihnachtssternkuchen**

Für 1 Weihnachtssternform von ca. 1,2 l Inhalt
230 g Butter und etwas Butter für die Form, 270 g Mehl und etwas Mehl für die Form, 230 g Zucker, 1/2 Päckchen Bourbon-Vanillezucker, 1 Prise Salz, 4 Eier, 200 g gemahlene Haselnüsse, 70 g Speisestärke, 1 Päckchen Backpulver, 75 g Schokotropfen, 250 g dunkle Kuchenglasur bester Qualität

1. Heize den Backofen auf 180 °C (Umluft 160 °C, Gas Stufe 3) vor. Fette die Sternform sorgfältig mit Butter ein. Gib etwas Mehl in die Form und drehe sie so, dass das Mehl überall hinkommt. Schüttle das restliche Mehl vorsichtig heraus.
2. Schlage in einer Rührschüssel mit den Quirlen des Handrührers Butter, die Hälfte des Zuckers, Vanillezucker und Salz cremig. Schlage die Eier nacheinander vorsichtig auf, lass die Eiweiße in eine Schale gleiten und rühre die Eigelbe nach und nach unter die Zutaten in der Rührschüssel. Schlage in einer zweiten Schüssel mit den Quirlen des Handrührers die Eiweiße und die zweite Hälfte des Zuckers zu steifem Schnee.
3. Mische in einer dritten Schüssel Nüsse, Mehl, Stärke und Backpulver und rühre sie unter den Teig. Hebe zum Schluss den Eischnee und die Schokotropfen vorsichtig unter. Möglichst wenig rühren! Fülle den Teig in die Form und streiche ihn darin glatt.
4. Schiebe die Form auf der mittleren Schiene in den vorgeheizten Ofen und backe den Kuchen ca. 60 Minuten. Stich danach mit einem Holz-Schaschlikspieß in der Mitte hinein, um zu schauen, ob Teig daran kleben bleibt. Wenn nein, den Kuchen vorsichtig aus dem Ofen nehmen, wenn ja, noch weitere 5 Minuten backen. Lass den Kuchen nach dem Herausnehmen 10 Minuten in der Form ruhen. Stürze ihn dann vorsichtig auf ein Kuchengitter und lass ihn vollständig auskühlen.
5. Lass die Kuchenglasur nach Packungsanweisung schmelzen und gieße sie gleichmäßig über den Kuchen. Stelle ihn an einen kühlen Ort, bis die Schokolade fest geworden ist.

♥ Wenn du magst, kannst du den Kuchen z. B. mit vier roten Tannenbaumkerzen adventlich dekorieren.

Christmas-Pie ***

1 Pie- oder Quicheform von 24 cm Durchmesser, Stern-Ausstechförmchen
1 Paket TK-Beerenmischung (400 g), 130 g kalte Butter und etwas weiche Butter für die Form, Semmelbrösel für die Form, 250 g Mehl und Mehl für die Arbeitsfläche, 1/2 TL Backpulver, 100 g Zucker, 1 Prise Salz, 1 Ei, 50 g gemahlene Haselnusskerne, 1 TL Zimtpulver, 1 Ei, 120 g Gelierzucker, 1 EL Speisestärke, Puderzucker zum Bestäuben

1. Lass die Beerenmischung bei Zimmertemperatur etwas antauen. Fette inzwischen die Form gut mit weicher Butter ein, streue sie mit Bröseln aus und schüttle die überschüssigen Brösel vorsichtig wieder heraus.
2. Vermische in einer Rührschüssel Mehl, Backpulver, Zucker, Salz, Nüsse und Zimt. Schneide die kalte Butter in Stückchen und gib sie mit dem Ei dazu. Zerreibe alle Zutaten mit den Fingerspitzen zu Krümeln und verknete sie zu einem glatten Teig. Rolle ihn zur Kugel, wickle sie in Klarsichtfolie und lege sie für 30 Minuten in den Kühlschrank.
3. Heize den Backofen auf 180 °C (Umluft 160 °C, Gas Stufe 3) vor. Teile den Teig in eine etwas größere und eine kleinere Hälfte. Rolle die größere Teighälfte auf einer bemehlten Fläche etwas größer als Form aus und lege sie samt Rand so aus, dass der Teig etwas übersteht. Vermische die angetaute Beerenmischung gut mit Gelierzucker und Stärke und verteile sie auf dem Boden. Klappe den überstehenden Teigrand nach innen über die Füllung.
4. Rolle die zweite Hälfte des Teigs auf der bemehlten Fläche auf die Größe der Form aus und schneide mithilfe eines Tellers einen passend großen Teigdeckel aus. Stich mit den Ausstechern Sterne aus und lege sie beiseite. Bedecke den Kuchen mit dem Teigdeckel und drücke den Rand rundherum mit den Fingerspitzen gut an. Verteile die Sternplätzchen zwischen den sternförmigen Öffnungen auf dem Kuchen.
5. Schiebe die Form auf der mittleren Schiene in den vorgeheizten Ofen und backe den Kuchen in 45–50 Minuten goldbraun. Nimm ihn dann vorsichtig aus dem Ofen und lass ihn auf einem Kuchengitter auskühlen.

Bevor der Kuchen auf den Tisch kommt, bestäubst du ihn schön mit Puderzucker.

Register